絵本

いのちをいただく

みいちゃんがお肉になる日

原案 坂本義喜
作 内田美智子
絵 魚戸おさむとゆかいななかまたち

坂本《さかもと》さんは、食肉《しょくにく》センターにつとめています。
牛《うし》のいのちを解《と》いて、お肉《にく》にする仕事《しごと》です。

坂本《さかもと》さんは、この仕事《しごと》がずっといやでした。

牛《うし》を解《と》く人《ひと》がいなければ、牛《うし》の肉《にく》はだれも食《た》べられません。
だから、たいせつな仕事《しごと》だということはわかっています。
でも、牛《うし》と目《め》があうたびに、仕事《しごと》がいやになるのです。

「いつかやめよう、いつかやめよう」
とおもいながら仕事《しごと》をしていました。

坂本《さかもと》さんの子《こ》どもは小学三年生《しょうがくさんねんせい》です。
しのぶくんという男《おとこ》の子《こ》です。

ある日《ひ》、小学校《しょうがっこう》から授業参観《じゅぎょうさんかん》のおしらせがありました。
これまでは、しのぶくんのおかあさんがいっていたのですが、
その日《ひ》は用事《ようじ》があって、どうしてもいけませんでした。

そこで、坂本《さかもと》さんが授業参観《じゅぎょうさんかん》にいくことになりました。

いよいよ、参観日《さんかんび》がやってきました。

「しのぶは、ちゃんと手《て》をあげて
発表《はっぴょう》できるやろうか」

坂本《さかもと》さんは、
期待《きたい》とすこしの心配《しんぱい》を
いだきながら、
小学校《しょうがっこう》の門《もん》をくぐりました。

授業参観《じゅぎょうさんかん》は、社会科《しゃかいか》の
「いろんな仕事《しごと》」という授業《じゅぎょう》でした。
先生《せんせい》が子《こ》どもたちひとりひとりに、
「おとうさん、おかあさんの仕事《しごと》を
しっていますか?」
「どんな仕事《しごと》ですか?」
とたずねていました。

しのぶくんの番《ばん》になりました。

坂本《さかもと》さんはしのぶくんに、
じぶんの仕事《しごと》について、あまり
はなしたことがありませんでした。
なんとこたえるのだろうと
不安《ふあん》におもっていると、
しのぶくんは、
ちいさな声《こえ》でいいました。

「肉屋《にくや》です。ふつうの肉屋《にくや》です」

坂本《さかもと》さんは
「そうかぁ」
とつぶやきました。

magic

坂本《さかもと》さんが家《いえ》で新聞《しんぶん》をよんでいると、しのぶくんがかえってきました。

「おとうさんが仕事《しごと》ばせんと、みんなが肉《にく》ば食《た》べれんとやね」

なんで急《きゅう》にそんなことをいいだすのだろう、と、坂本《さかもと》さんがふしぎにおもってききかえすと、しのぶくんは学校《がっこう》のかえりぎわ、担任《たんにん》の先生《せんせい》によびとめられて、こういわれたというのです。

「坂本《さかもと》、なんでおとうさんの仕事《しごと》ば、
ふつうの肉屋《にくや》てゆうたとや？」

「ばってん、カッコわるかもん。
一回《いっかい》、みたことがあるばってん、
血《ち》のいっぱいついてから、
カッコわるかもん」

「坂本《さかもと》、おまえのおとうさんが仕事《しごと》ばせんと、
先生《せんせい》も、坂本《さかもと》も、校長先生《こうちょうせんせい》も、
会社《かいしゃ》の社長《しゃちょう》さんも肉《にく》ば食《た》べれんとぞ。
すごか仕事《しごと》ぞ」

しのぶくんはそこまで一気《いっき》にしゃべり、さいごに
「おとうさんの仕事《しごと》はすごかとやね」
といいました。

そのことばをきいて、坂本《さかもと》さんはもうすこし、
仕事《しごと》をつづけようかなとおもいました。

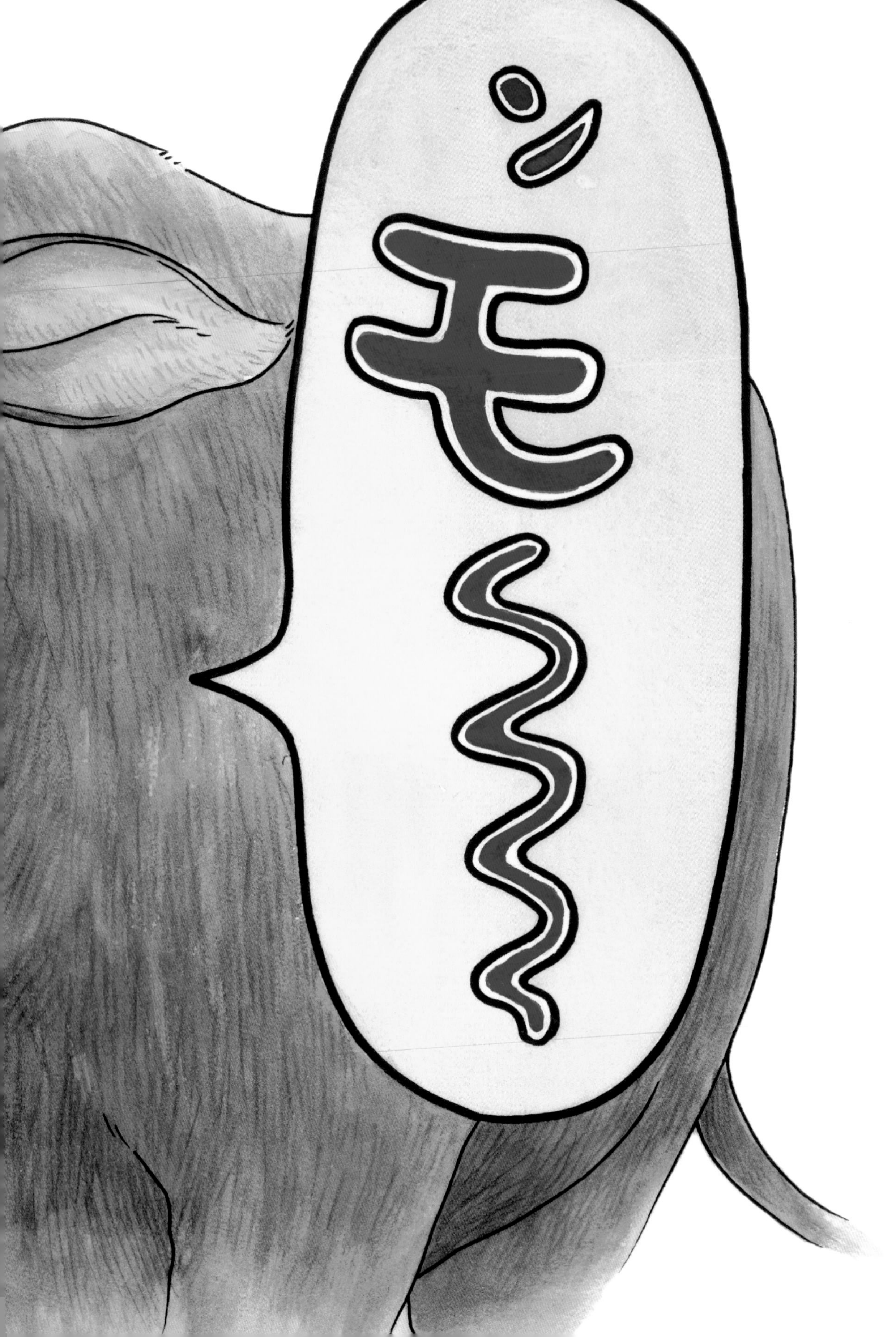
モ〜

ある日《ひ》、一日《いちにち》の仕事《しごと》をおえた坂本《さかもと》さんが、事務所《じむしょ》でやすんでいると、
一台《いちだい》のトラックが、食肉《しょくにく》センターの門《もん》をくぐってきました。

荷台《にだい》には、あした、肉《にく》になる予定《よてい》の牛《うし》がつまれていました。

坂本《さかもと》さんが「あしたの牛《うし》ばいいねぇ〜」とおもってみていると、
助手席《じょしゅせき》から十歳《じっさい》ぐらいの女《おんな》の子《こ》が、とびおりてきました。
そして、そのままトラックの荷台《にだい》に、あがっていきました。

坂本《さかもと》さんは「あぶなかねぇ」とおもってみていましたが、
しばらくたってもおりてこないので、
心配《しんぱい》になってトラックにちかづいてみました。

すると、女《おんな》の子《こ》が、
牛《うし》にはなしかけている声《こえ》がきこえてきました。
「みいちゃん、ごめんねぇ。
みいちゃん、ごめんねぇ。
みいちゃんが肉《にく》にならんと
お正月《しょうがつ》がこんて、じいちゃんのいわすけん。
みいちゃんば売《う》らんとみんながくらせんけん。
ごめんねぇ。
みいちゃん、ごめんねぇ」

そういいながら、
いっしょうけんめいに、
牛《うし》の腹《はら》をさすっていました。
坂本《さかもと》さんは「みなきゃよかった」とおもいました。

トラックの運転席《うんてんせき》から、
女《おんな》の子《こ》のおじいちゃんがおりてきて、
坂本《さかもと》さんに頭《あたま》をさげました。

「坂本《さかもと》さん、
みいちゃんは、この子《こ》といっしょにそだちました。
だけん、ずっと、うちにおいとくつもりでした。
ばってん、みいちゃんば売《う》らんと、この子《こ》にお年玉《としだま》も、
クリスマスプレゼントも買《か》ってやれんとです。
あしたは、どうぞ、よろしくおねがいします」

坂本《さかもと》さんはまた、

「この仕事《しごと》はやめよう。もうできん」

とおもいました。

そして、おもいついたのが、
あしたの仕事《しごと》をやすむことでした。

坂本《さかもと》さんは家《いえ》にかえり、
みいちゃんと女《おんな》の子《こ》のことを、
しのぶくんにはなしました。

「おとうさんは、みいちゃんを
肉《にく》にすることはできんけん、
あしたは仕事《しごと》をやすもうと
おもっとる」

そういうと、しのぶくんは
「ふ〜ん」
といって、しばらくだまったあと、
テレビに目《め》をうつしました。

その夜《よる》、いつものように坂本《さかもと》さんは、
しのぶくんといっしょに
おふろにはいりました。
しのぶくんは、坂本《さかもと》さんの背中《せなか》を
ながしながらいいました。

「おとうさん、やっぱり、おとうさんが
してやったほうがよかよ。
心《こころ》のなか人《ひと》がしたら、
牛《うし》が苦《くる》しむけん。
おとうさんがしてやんなっせ」

坂本《さかもと》さんはだまって
きいていましたが、
それでも、決心《けっしん》はかわりませんでした。

朝《あさ》、坂本《さかもと》さんは、しのぶくんが
小学校《しょうがっこう》にでかけるのを、まっていました。
「いってくるけん！」
元気《げんき》な声《こえ》と、とびらをあける音《おと》がしました。

その直後《ちょくご》、玄関《げんかん》がまたひらいて
「おとうさん、きょうはいかないけんよ！」
「わかったね？」
と、しのぶくんがさけんでいます。
坂本《さかもと》さんはおもわず
「おう、わかった」
とこたえてしまいました。
その声《こえ》をきくと、しのぶくんは
「いってきまーす」
とはしって、学校《がっこう》にむかいました。

「あ〜あ、子《こ》どもと約束《やくそく》したけん、いかなねぇ」
と、おかあさん。
坂本《さかもと》さんは、しぶい顔《かお》をしながら、仕事《しごと》へとでかけました。

会社《かいしゃ》についても、気《き》が重《おも》くてしかたありませんでした。
すこし早《はや》くついたので、
みいちゃんを、そっとみにいきました。

牛舎《ぎゅうしゃ》にはいると、みいちゃんは、
ほかの牛《うし》がするように角《つの》をさげて、
坂本《さかもと》さんを威嚇《いかく》するようなポーズをとりました。

坂本《さかもと》さんはまよいましたが、そっと手《て》をだすと、さいしょは威嚇《いかく》していたみいちゃんも、しだいに坂本《さかもと》さんの手《て》をくんくんとかぐようになりました。

坂本《さかもと》さんが、

「みいちゃん、ごめんよう。みいちゃんが肉《にく》にならんと、みんながこまるけん。ごめんよう」

というと、みいちゃんは、坂本《さかもと》さんに首《くび》をこすりつけてきました。

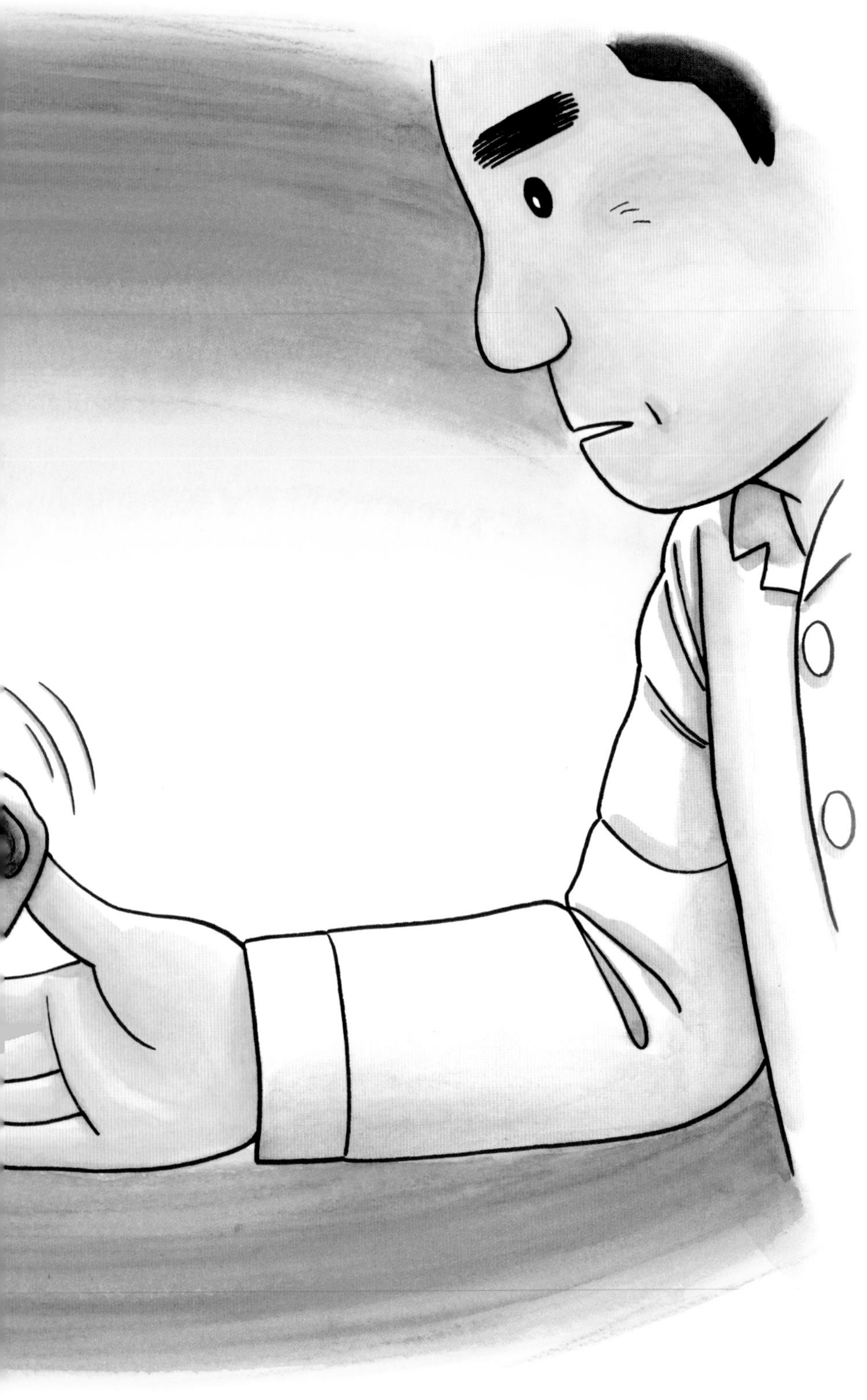

それから、坂本《さかもと》さんは、女《おんな》の子《こ》がしていたように腹《はら》をさすりながら
「みいちゃん、じっとしとけよ。うごいたら急所《きゅうしょ》をはずすけん、
そしたら、よけい苦《くる》しかけん、じっとしとけよ。じっとしとけよ」
といいきかせました。

みいちゃんのいのちを解《と》く、
そのときがきました。

坂本《さかもと》さんが、
「じっとしとけよ、みいちゃん、じっとしとけよ」
というと、みいちゃんは、ちょっともうごきませんでした。

そのとき、みいちゃんの大《おお》きな目《め》から、
なみだがこぼれおちてきました。
坂本《さかもと》さんは、牛《うし》が泣《な》くのをはじめてみました。

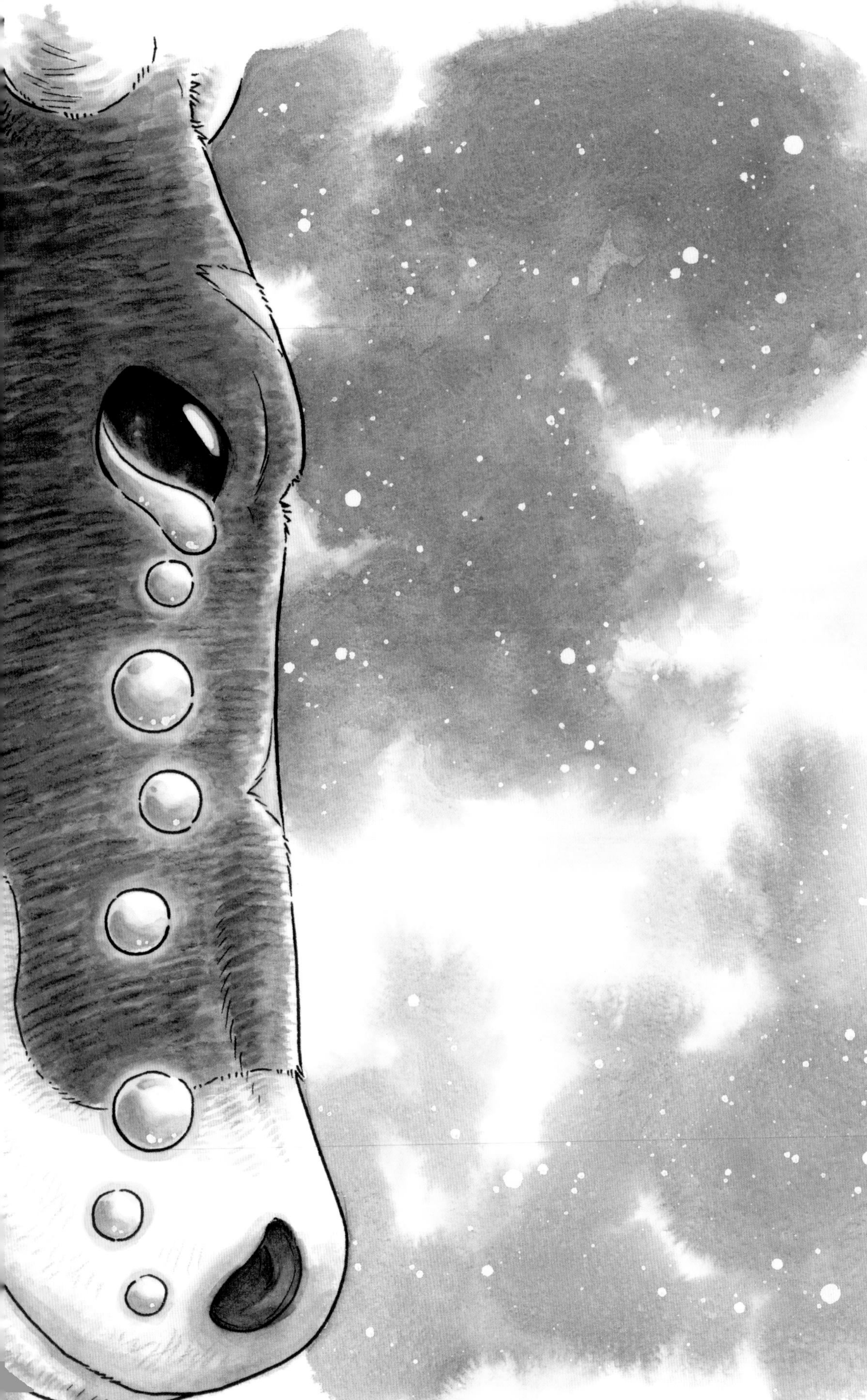

8304

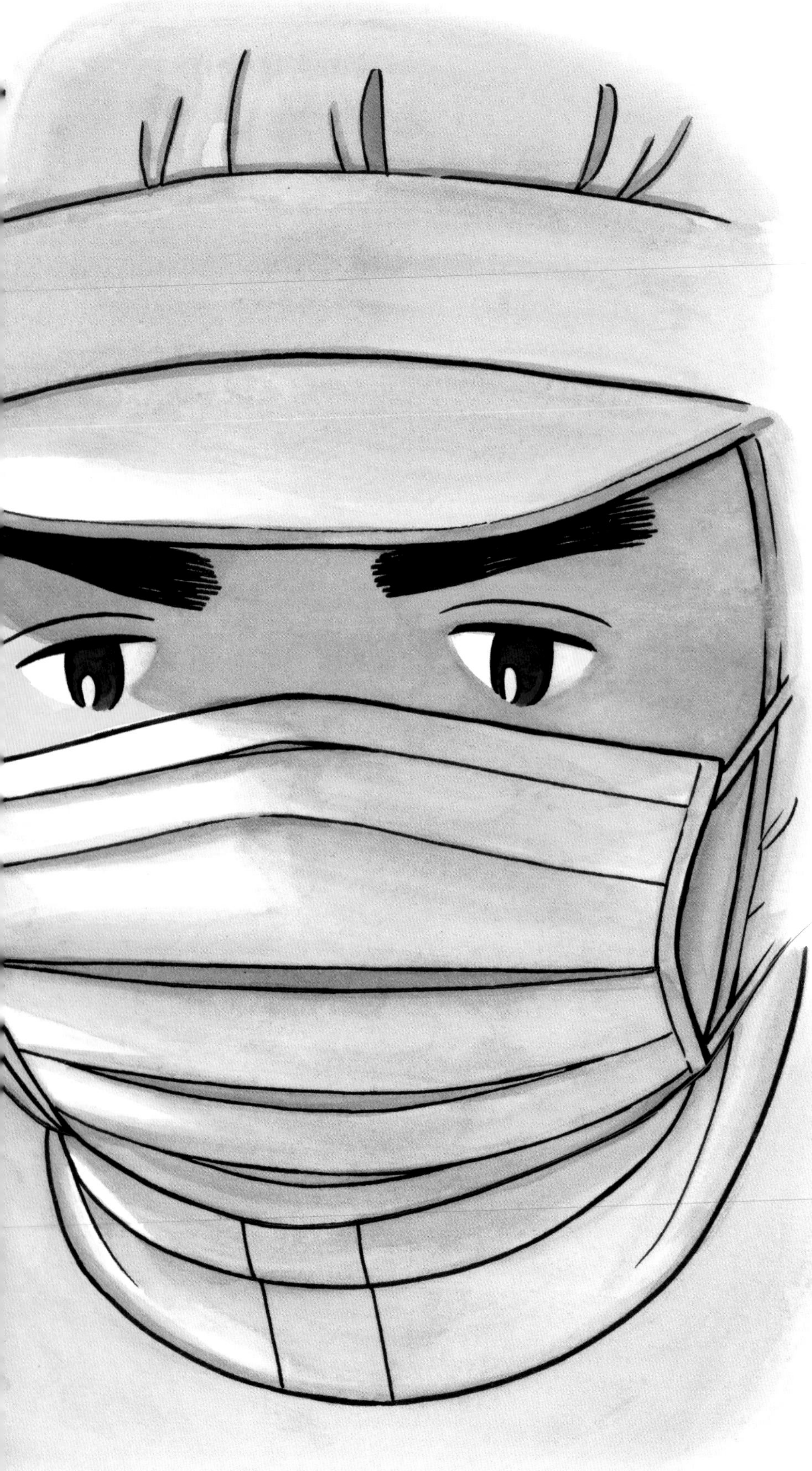

そして、坂本《さかもと》さんが、ピストルのような道具《どうぐ》を頭《あたま》にあてると、
みいちゃんはくずれるようにたおれ、すこしもうごくことはありませんでした。

ふつうは、牛《うし》がなにかを察《さっ》して頭《あたま》をふるので、
急所《きゅうしょ》からすこしずれることがよくあり、
たおれたあとに、おおあばれするそうです。

後日《ごじつ》、おじいちゃんが食肉《しょくにく》センターにやってきて、しみじみといいました。

「坂本《さかもと》さん、ありがとうございました。

きのう、あの肉《にく》ばすこしもらってかえって、みんなで食《た》べました。

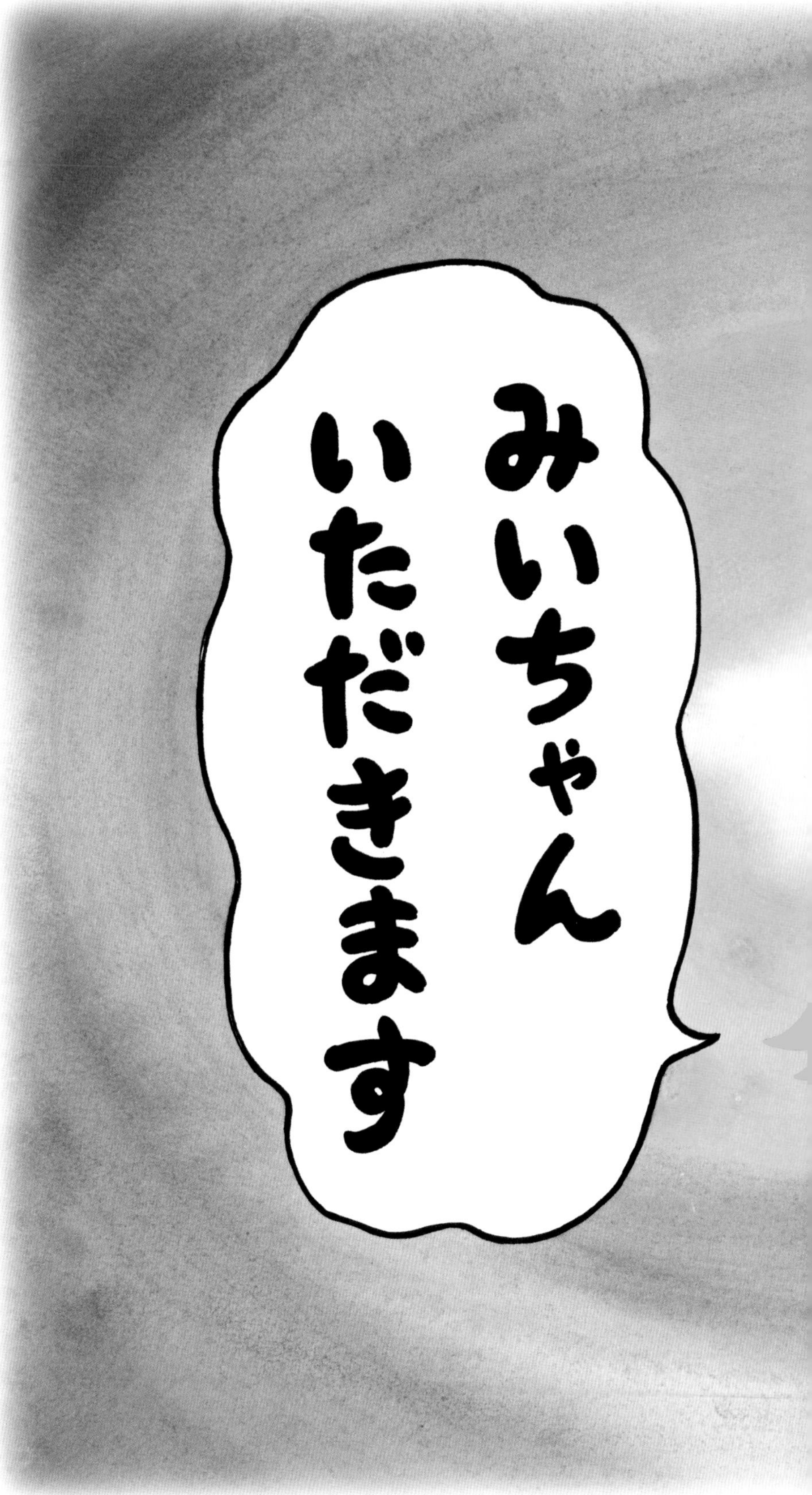

孫《まご》は泣《な》いて食《た》べませんでしたが
『みいちゃんのおかげで、みんながくらせるとぞ。食《た》べてやれ。
みいちゃんに、ありがとういって食《た》べてやらな、
みいちゃんがかわいそかろ？　食《た》べてやんなっせ』
っていうたら、孫《まご》は泣《な》きながら
『みいちゃん、いただきます』

『おいしかぁ、おいしかぁ』
ていうて、食《た》べました。
ありがとうございました」

坂本《さかもと》さんは、もうすこし、
この仕事《しごと》をつづけようとおもいました。

自分の仕事の意味

坂本義喜（食肉解体作業員）

この話は、今から二十数年前に、私が実際に体験したことです。

それまでは、自分がやっている食肉解体業は、運ばれてきた動物たちを肉にする仕事でしかありませんでした。動物たちに対して、かわいいとか、かわいそうという感情はなく、ただ大きくて、獰猛《どうもう》な存在でしかありませんでした。ですから、早く解《と》いて肉にすることしか考えていませんでした。

女の子がみいちゃんの首から肩をなでているときの、みいちゃんの幸せそうな顔を見て、こんなにおとなしく利口《りこう》な牛がいることを初めて知り、「この牛だけは解きたくないな」と思って家に帰りました。学校から帰ってきた息子の忍《しのぶ》に、そのことを話したら、少し気が楽になったのを覚えています。その晩、忍は風呂《ふろ》で私にこう言いました。

「お父さんが肉にしてやんなっせ」

「お父さんの代わりに心のなか人がしたら苦しむけん」

そのときは、親の仕事に口を出すなと叱《しか》り、風呂から出たことを思い出します。

翌日、仕事場に着くと、みいちゃんを見にいきました。初めは威嚇《いかく》してにらむけれど、時間が経《た》つにつれ、みいちゃんから寄ってきて、私の手をなめてくれました。

そのときが、運ばれてきた牛を初めてかわいいと感じた瞬間でした。そして、自分の仕事の意味がわかったのです。

――俺《おれ》の仕事は、この子たちが少しでも楽な気持ちで天国に行けるようにすることなんだ。

その後、この子たちの不安な気持ち、死にたくない気持ちをだれかに知ってほしいと思い、忍の学校で話をしました。これが、講演活動のきっかけとなりました。

今でこそ、こんな話を堂々とできます。しかし、三、四十年前までは、このような話ができる時代ではなく、私たちの仕事を知る人も少なく、知っていてもあまり良いイメージを持たれてはいませんでした。

私は、大人たちには私の仕事を正しく理解してもらい、子どもたちには命の尊《とうと》さ、そして世の中にはいろいろな仕事があるんだと知ってほしくて、講演を続けました。

講演を聞いた子どもたちは、いろんなことを感じてくれます。また、いろいろな仕事があることを知り、自分の親に仕事のことを真剣に聞くそうです。

私の職場は、築五十年ほどが経ち、老朽化《ろうきゅうか》しています。設備は最新式ではありませんし、作業の八十〜九十パーセントが今も手作業です。そのような食肉センターは、全国でも数か所しかないと聞いています。老朽化に加えて、衛生面でも今の時代に合わないということで、二〇一四年三月で閉鎖される予定です。とても残念な気持ちです。

閉鎖後は、自分のやってきたことや動物たちの想《おも》いを、絵本だけでは伝えきれない部分を、私の生の声や姿で伝えていきたいと思っています。

奇跡の出会い

内田美智子（助産師）

　ある小学校の体育館で、自分の講演の準備をしているときに、子どもたちへ「おっちゃんはね」と静かに語りかける坂本義喜さんに出会いました。私の講演の前に、坂本さんが講演をしていたのです。

　初めは、準備をしながら何気なく聞いていたのですが、だんだん坂本さんの話に引きこまれ、最後はハンカチをにぎりしめ、嗚咽《おえつ》が漏《も》れるほど泣いてしまいました。

　この話はたくさんの子どもたちに伝えたい。いや、子どもたちだけでなく大人にも伝えたいと思い、その日のうちに文章にまとめ、後日、絵本にしてほしいといくつかの出版社などにお願いしました。

　命のありようの伝え方、命をいただくことの意味を伝える手段は、ほかにもたくさんあると思いますが、坂本さんの語る命のいただき方は、多くの人に知ってほしいと思いました。坂本さんの温かな人柄にひかれて心が動き、絵本にするという行動になったのだと思います。まさに奇跡の出会いでした。

　助産師として三十四年間、人の命の誕生の瞬間に立ち会って、母親から命の力を分け与えてもらうことで、私たちの命は存在するのだということを子どもたちに伝えてきました。しかし、その命をつないでいくためには、私たち人間は、あらゆる命を殺生《せっしょう》していただいていくしかありません。そのことを考えるとき、坂本さんのお話は最高の材料になると思いました。

　絵本になった後、あるイベントで坂本さんと対談する機会がありました。そのときのお話の中で、印象に残っていることがひとつあります。人間も動物も、出産時に母親と子どもの命を救うために、帝王切開という手術をすることがありますが、坂本さんも牛の帝王切開をすることがあるそうです。獣医さんではなくて坂本さんたちがされる場合は、母牛の命はあきらめて、子牛だけ助けるそうです。もちろん、そうする以外に方法がないからです。その子牛が数年後、また自分たちのところに来るのは、やはりつらいとおっしゃっていました。人間の出産だけを見てきた私には、とてもショックでした。

　ああ、この肉になる命も、私たち人間となんらかわることのないひとつの命で、それをいただく限りは、感謝をもって最後までいただくということが、私たち人間に課せられた義務なのだと思い知りました。

『いのちをいただく』は、初版から四年の間に十万部が世に出て、紙芝居、ＤＶＤ、そしてこの『絵本　いのちをいただく　みいちゃんがお肉になる日』と、形を変えていろいろな人たちの手に届けることができて、本当にうれしく思っています。

わらしべ長者のような絵本

魚戸おさむ（漫画家）

この『いのちをいただく』のお話は、まるで〝わらしべ長者〟のようなご縁で、こうして絵本になりました。その過程をこっそり、読者のみなさんだけに教えちゃいましょう。

　この絵本のお話を書かれた助産師の内田さんが、ある日、食肉解体作業員の坂本さんの講演を聞いたことから始まります。

　内田さんは坂本さんのお話にたいへん感銘を受け、その内容を作文に起こし、坂本さんに目を通していただいたうえで、ご自分の講演会で朗読して人に伝えていました。と同時に、いくつかの出版社などにその作文を本にできないかと相談し、興味を持った新聞社の方が、小さなサイズの本にしました。

　この本ならば、僕も坂本さんの話を人に伝えられると思い、たくさんの人にプレゼントした中に、読み聞かせのボランティアをしている主婦の方がいました。その方から「とても反響があり、もっと多くの子どもたちに伝えたいので、広い教室の後ろの席からでも見える大きさの、紙芝居サイズの絵で描きおこしてくれませんか？」と依頼され、その半年後、僕は人生初の紙芝居をスタッフとともに、見よう見まねで描きあげました。

　その紙芝居は主婦の方にプレゼントするだけのつもりでしたが、そのことを知った内田さんが、最初の本を出版した新聞社にかけあい、あれよあれよという間に製品として『紙しばい　いのちをいただく』ができあがったのです。

　その後、人生初のこの紙芝居を、漫画家仲間の前で発表する機会がありました。仲間からは、「お前にしてはよくできている。内容がすばらしいので、さらにこれをなにか別の形にできたらいいね」と、めずらしくほめてもらいました。その一年半後、なんとデジタル紙芝居（ＤＶＤ）の『いのちをいただく』が完成していたのでした。それと同時進行で製作されていたのが、今回のこの絵本というわけです。

　絵本を出版することは、十代からの夢でした。その夢を、紙芝居の絵で実現できないかと数社にかけあいましたが、さすがに思いどおりにはいきません。しかしあきらめきれずにいたところ、たまたま講談社の編集者の目にとまり、こうして僕の夢が実現したというわけです。夢は、年齢などに関係なく、時を経て、思わぬ人とのご縁から叶《かな》うものだとしみじみ実感しているところです。

　この絵を描くにあたっては、スタッフ（ゆかいななかまたち）の活躍なしには実現しませんでした。着色には、小学生が授業で使用するのと同じ絵の具と色鉛筆だけしか使っていません（というと、みなさん驚かれます）。

　最後にこの絵本を通して、多くのみなさんに、ふだん食べているものすべてに命があったことを思うきっかけにしていただければ、作者冥利《みょうり》に尽きます。

プロフィール

原案　坂本義喜　（さかもと・よしき）

食肉解体作業員。1957 年、熊本県生まれ。この作品に出てくる一頭の牛との出会いで、自身の職業観や生命観が大きく変わる。子どもが通っていた小学校の先生からの依頼で、屠畜の仕事について、そしていのちをいただくことについて話したことがきっかけで、九州を中心に、学校や屠畜関係者などに向けて講演活動を続けている。

作　内田美智子　（うちだ・みちこ）

助産師。1957 年、大分県竹田市生まれ。国立熊本病院附属看護学校、国立小倉病院附属看護助産学校助産師科卒業。1988 年、福岡県行橋市にて、産婦人科医の夫とともに、内田産婦人科を開業。文部科学省委嘱、性教育の実践調査研究事業委員を務め、講演活動も続ける。著書に、『ここ　食卓から始まる生教育』『いのちをいただく』『紙しばい　いのちをいただく』（すべて共著／西日本新聞社）などがある。

絵　魚戸（うおと）**おさむとゆかいななかまたち**

漫画家。1957 年、北海道函館市生まれ。漫画家の村上もとか氏、星野之宣氏に師事し、1985 年、「忍者じゃじゃ丸くん」でデビュー。作品は、『家栽の人』（毛利甚八・作）『がんばるな !!! 家康』『玄米せんせいの弁当箱』（北原雅紀・脚本／すべて小学館）など。現在、「ビッグコミックオリジナル」（小学館）にて「ひよっこ料理人」を連載中。ゆかいななかまたちは、魚戸の創作を長年支えるスタッフたち。

この作品は、『いのちをいただく』『紙しばい　いのちをいただく』（ともに西日本新聞社）をもとに、再構成したものです。著作権者の意図を反映して、一部、表現などが変わっているところがあります。

講談社の創作絵本

絵本《えほん》　いのちをいただく　みいちゃんがお肉《にく》になる日《ひ》

2013年12月 2 日　第1刷発行
2014年 7 月22日　第9刷発行

原案／坂本義喜《さかもとよしき》
作／　内田美智子《うちだみちこ》
絵／　魚戸《うおと》おさむとゆかいななかまたち

装丁・本文デザイン／坂川事務所

発行者／鈴木 哲
発行所／株式会社講談社
〒112-8001　東京都文京区音羽2-12-21
電話　03-5395-3535（出版部）
03-5395-3625（販売部）
03-5395-3615（業務部）
印刷所／株式会社精興社
製本所／大村製本株式会社

Printed in Japan　N.D.C.726 47p 27cm　ISBN 978-4-06-132561-6